AF356705

PÉTITION

D'UN

PERVERS A SATAN

par

ALCIME LEFÈVRE

———

15 centimes

———

Dans toutes librairies
et chez l'auteur, à Saint-Souplet (Nord).

PETITION

D'UN

PERVERS A SATAN

par

ALCIME LEFÈVRE

2me Edition

Dans toutes librairies
et chez l'auteur, à Saint-Souplet (Nord).

Imp. de M. Décembre, 326, rue de Vaugirard. Paris

PRÉFACE DE L'AUTEUR

Il s'est trouvé quelqu'un pour se reconnaître dans le personnage immonde qui joue le rôle du Pervers dans cette brochure.

L'auteur ne visait personne : il voulait seulement dépeindre un type de ces tristes personnages tartufes et hypocrites, qui abondent à notre époque d'affaissement et d'égoïsme, par conséquent, il n'a pas à s'inquiéter de celui qui s'est reconnu dans le portrait général qu'il a tracé.

Des gens dont l'hypocrisie est flagrante, se bouchent les oreilles et ferment les yeux à certains passages de ce petit livre : Allons Tartufes ! Avouez donc que la morale se trouve dans la démonstration du désespoir du méchant — fut-il puissant — quand il se heurte à la bonté forte et vraie.

Avouez encore qu'il est moral de montrer que les mauvaises actions, y compris les plus secrètes, font trembler leur auteur.   LEFÈVRE.

Pétition d'un Pervers à Satan

par ALCIME LEFÈVRE

Au nom du Diable, de Belzébuth
de l'Esprit-Malin. — Amen.

Sentant ma fin prochaine, Seigneur Satan, je viens vous demander avec confiance de vouloir bien m'admettre au nombre de vos Tourmenteurs dans votre Royaume diabolique, étant déjà un de vos démons en ce monde.

Mes titres à ce poste sont nombreux, Seigneur Satan, et s'il vous plaît m'entendre, je vais les énumérer et je ne doute pas de mon admission.

Dans le pays charbonnier où votre infernale prévoyance m'a fait naître avec le génie du mal,

je fus tout petit (avec mon bienheureux frère,
mort il y a quelque temps et aujourd'hui auprès
de vous, Amen !) tout petit, dis-je, je fus la terreur
des gamins de mon âge. Plus tard, bien décidé à
vous être toujours fidèle et, pour plus de facilité,
j'appris la science qui, de tout temps, vous fut
chère, à vous le divin inventeur des breuvages
méphistophéliques.

Quand je fus suffisamment instruit dans cet
art, qui donne presque le droit de vie et de mort
sur les hommes, je vins m'établir dans une pe-
tite ville des environs. C'est là, Seigneur Satan,
que je commençai mes véritables exploits.

Aidé d'une belle et dodue femme que mon re-
gard félin, mon sourire sardonique et votre influence mystérieuse avaient fait ma maîtresse, j'ai
mené une vie de débauche et de libertinage
comme jamais on en vit une. Vous savez, vous
qui m'inspirez toujours, comme les chiffonniers de
ce pays ont été arrangés ! Me suis-je assez roulé
dans les ruisseaux avec eux ? Comme j'étais à
l'aise en ce temps ! Je me sentais dans mon véri-
table élément. Malheur à celui qui voulait se met-
tre contre moi !

Je fis tant et si bien que dans ce maudit pays

— que votre puissance confonde — que je m'y fis condamner une douzaine de fois, et que la population exaspérée finit par composer une chanson sur votre fidèle serviteur.

Que faire alors, Seigneur Satan?

Je partis de cette ville, et vins m'installer au milieu d'une population qui déjà en d'autres temps avait reçu dans son sein un autre misérable chassé comme moi, d'un endroit où il s'était montré, lui aussi, votre fidèle sujet.

C'est de ce pays, Seigneur Satan, que j'ose vous adresser mon humble requête. Je suis ici en pays de Cocagne, pour moi, mais, hélas! je sens que ma fin est proche, daignez me réserver un emploi digne de moi, et le reste de mes forces sera consacré à faire aux honnêtes humains le plus de mal que je pourrai. Comptez sur moi.

Dans ce village où votre inspiration m'a conduit j'ai fait et je fais encore tout ce que je peux pour vous plaire.

D'abord, à mon arrivée, je fis patte de velours à vos véritables ennemis, (hélas! erreur profonde que j'ai payée bien cher! n'ai-je pas cru que le Curé de ce village en était un! mais soit, nous nous sommes vite reconnus) ces hommes sans défiance m'ont accueilli, fêté, choyé et invité à leur table à tour de rôle. En cachette j'ai même passablement chiffonné leur propriété conjugale et aussi, bien flirté avec quelques-unes de leur filles. — Ils avaient tant de confiance en moi ces gens qui ne vous aiment pas et qui détestent leur Curé parce qu'il est mon ami et le vôtre.

Tout alla bien tant que je ne fus pas connu à fond ; mais tout n'a qu'un temps, — sauf vous qui êtes éternel — et au fur et à mesure je perdis tous ces hommes qui me croyaient leur ami, car en futur tourmenteur je m'escrimais à les tourmenter de la bonne façon. Ah ! je ris encore des gifles que j'ai donné à certains ; des emprunts que j'ai fait à d'autres, des dettes que je ne paiera jamais. Mais je suis loin d'avoir tout dit, Seigneur Satan.

Dans le pays que j'avais fui il me restait quelques âmes damnées ; or j'y avais laissé aussi une jeune personne à laquelle j'avais dit que je l'aimais (oh ! l'imbécile qui me croyait sincère, ce n'était pas elle que j'aimais mais ses écus) elle ne voulait cependant pas de moi et me fit attendre longtemps, je finis tout de même par l'épouser et alors vous savez, vous Seigneur Satan, si je lui en fis voir de dures.

Voyant qu'elle ne voulait pas s'en aller malgré tout ce que je lui faisais endurer — j'avais été jusqu'à me coucher avec ma maîtresse en sa présence — alors je pris la décision de l'enfermer. Ah ! vous avez dû bien rire, Seigneur Satan, en voyant combien elle pleurait, combien elle criait ! Quant à moi j'étais dans la joie la plus profonde et je me frottais les mains car j'avais employé sa dot et tout revendu frauduleusement au cocu qui est marié à celle avec laquelle j'ai toujours resté. Cependant ma femme finit par se faire entendre des voisins, je fus obligé d'ouvrir la porte et la bonne dame s'en est retournée chez elle, mais moi j'ai gardé le magot. N'ai-je pas bien fait, Seigneur, Satan ?

Avant mon mariage, une autre belle jeune orpheline habitant la même ville que ma femme ne voulait pas non plus recevoir mes caresses, mais avec la complicité de ma grosse dondon de maîtresse. un beau dimanche qu'elle allait aux vêpres, je la fis enlever après lui avoir fait prendre un narcotique dans une tasse de café que ma complice lui fit boire. Vous vous rappelez, Seigneur Satan, combien cet ange de pudeur pleura et gémit sur sa virginité perdue, mais moi rien que d'y penser, je suis encore ravi de cet exploit.

Enfin que vous dirai-je, Seigneur Satan, sur ce chapitre je ne saurais tout dire car j'en ai tant fait ! Pas une servante ne sert à la maison sans que je lui fasse un enfant, quitte à la faire avorter ensuite si elle y consent. Une entretenue que j'ai, a déjà avorté cinq ou six fois et, grâce à vous, Seigneur Satan, la justice n'y a jamais rien vu. Mais, malgré moi, je tremble car ce n'est plus que le secret de Polichinelle.

A la guerre il me fallait partir pour défendre la patrie mais je n'ai pas la vertu guerrière puisque je n'en ai aucune, comment faire alors pour rester au milieu de ces bonnes âmes qui étaient destinées à subir toutes les tortures que je leur réservais. Votre influence me servit encore car je réussis à trouver un emploi qui me permit de satisfaire mes vengeances et les vôtres, Seigneur Satan.

Depuis ce temps possédant le pouvoir, malheur à l'honnête homme qui ne veut pas être mon esclave car ici je suis le roi de la Varouille. Les voyous, la canaille et toutes espèces de crapules, maraudeurs et voleurs sont mes protégés, mes amis et mes instruments de torture.

Mes gardes sont mes pourvoyeurs et mes chiens, grâce à eux chaque jour un rebelle à votre loi, Seigneur Satan, se trouve puni de la bonne façon. — Quant à mes conseillers, je me moque de leurs observations tout autant que de la lune et je les nomme mes ânes. — Ah ! les procès ne me font pas peur et je ne dors jamais mieux que quand un bon cultivateur en a quatre ou cinq sur la même semaine. Enfin vous savez, vous, quel despote je suis et aussi je crois, Seigneur Satan, que vous êtes content de moi.

Ici les véritables indigents meurent de faim car le bureau de bienfaisance sert à autre chose qu'à nourrir tous ces gens qui vous maudissent. Ne faut-il pas que je me maintienne au pouvoir ?

Je fais faire des distributions aux électeurs avec l'argent dû aux malheureux, ce moyen et l'escamotage des bulletins de vote me suffit. Et cependant je crains l'avenir ? ? ?

Oui, Seigneur Satan, je crains l'avenir car un homme qui fut sans doute vomi par l'Esprit-Saint et contre lequel je me sens impuissant, causera ma perte. Que faire hélas ! contre cette tête que je voudrais briser ! ! Ah ! en voilà un qui ne veut pas dire comme Sénèque « *Omnia patienter feranda* » il faut tout supporter avec résignation. C'est surtout contre celui-là que j'implore votre secours. Débarrassez-moi, Seigneur Satan, de ce Théophilanthrope maudit qui ose me résister.

Ah! si je n'avais dix-sept ou dix-huit condamnations — je n'en sais plus le nombre — qui me font craindre la déportation, je crois que je le ferais assassiner mais cette fois ce serait l'échafaud. Eh ! dire que je sens tout craquer autour de moi par rapport à ce monstre duquel je ne puis me venger. Oui, je l'avoue avec dépit, semblable au serpent de la fable je ne peux mordre cette lime sans m'user les dents.

Si votre pouvoir ne me débarrasse de lui, appelez-moi auprès de vous, Seigneur Satan, car je suis las de lutter contre un pareil homme et pour m'aider je ne peux compter sur un seul honnête homme car pas un ne veut seulement plus me tendre la main.

Je souffre d'horribles cauchemars, et que de nuits agitées??? C'est pourquoi, Seigneur Satan, je vous supplie de trouver mes titres suffisants et de m'appeler à l'emploi que je sollicite de vous en récompense de mes bons services en ce monde, et je vous promets d'être à jamais et dans les siècles des siècles votre serviteur le plus dévoué et aussi de tous, le meilleur.   CARABIN A TERRE

www.ingramcontent.com/pod-product-compliance
Lightning Source LLC
LaVergne TN
LVHW010805180726
843502LV00011B/4365